schön
& creativ

Seifen selber machen
Verführerische Formen, Farben, Düfte

W0038770

MOEWIG

ISBN 3-8118-1723-X
© by Pabel-Moewig Verlag KG, Rastatt
Vorlagen: Kerstin Jahns
Fotos: Sabine Münch, Berlin
Redaktion & Gestaltung: Berliner Buchwerkstatt
www.Moewig.de

Die Schreibweise entspricht den Regeln der neuen Rechtschreibung.

Inhalt

Material und Werkzeug

Seifenrohstoffe
Glycerinseife ist transparent (durchsichtig) oder opak (weiß) erhältlich. Es gibt sie in Blockform oder in runden Plastikbehältern. Nehmen Sie die Rohmasse aus dem Behälter und portionieren Sie diese ganz nach Belieben. Hierfür verwenden Sie am besten ein Messer.

Färbemittel
Zum Färben der Seifen können Sie speziell dafür abgestimmte Farben, in flüssiger oder in Blockform, verwenden. Die flüssigen Farbstoffe lassen sich besser dosieren. Durch Mischen können Sie die Farbpalette beliebig erweitern. Um einen besonders schimmernden Effekt zu erzielen, verwenden Sie Perlglanzpulver.

Formen
Im Fachhandel erhalten Sie eine große Anzahl von unterschiedlichen Gießformen und Eingießteilen. Für das gerade Aufliegen dieser Formen können Sie einen Stützrahmen verwenden. Als Seifenform eignen sich auch Formen für die Relieftechnik, mit

denen man Gips ausgießt. Um besondere Effekte zu erzielen, betten Sie Eingießteile in die Seife ein. Einige Dinge zum Eingießen befinden sich sicher schon in Ihrem Haushalt wie z.B. kleine Muscheln, Kräuter oder Murmeln.

Duftstoffe
Ätherische Öle und speziell auf das Seifengießen abgestimmte Duftöle gibt es in großer Auswahl. Wählen Sie Ihre Lieblingsdüfte.

Werkzeug
Schmelzen Sie die Seife in einem Glasgefäß. Hierfür sind Glasschälchen und Marmeladengläser gut geeignet. Wenn Sie mit unterschiedlichen Farben arbeiten, benötigen Sie mehrere Gläser zum Färben der Rohmasse und Aufbewahren der Farbmischungen.

Sie können die Seife in der Mikrowelle oder im Wasserbad auf dem Herd erwärmen. Rühren Sie die Färbemittel mit einem Holzstäbchen in die flüssige Seife. Die Kanten der Seifenstücke versäubern Sie mit einem Messer oder Kartoffelschäler.

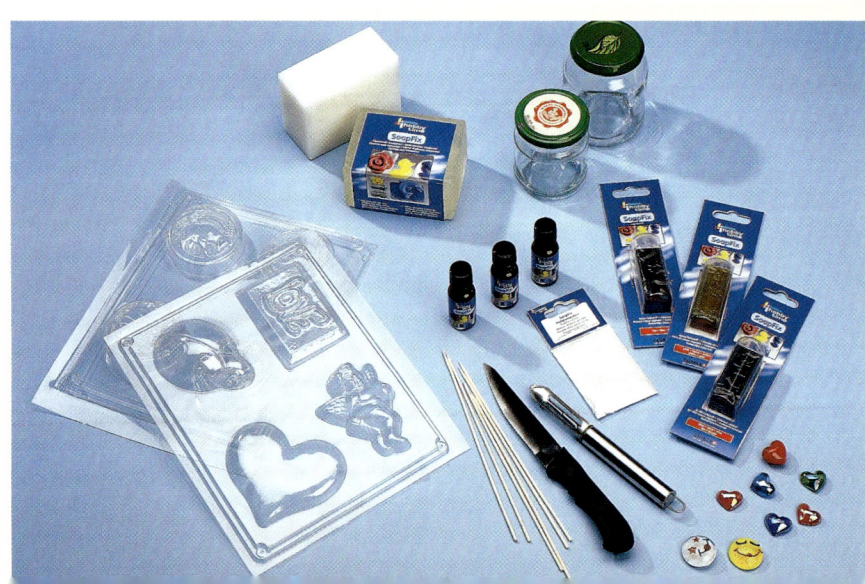

Das Schmelzen

Schneiden Sie die Glycerinseife mit einem Messer in kleine Stücke, um sie im Wasserbad oder in der Mikrowelle zu schmelzen.

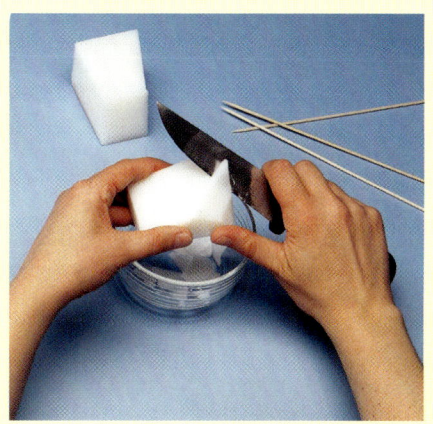

Wasserbad: Bringen Sie Wasser in einem Kochtopf zum Kochen. Geben Sie ein Metallgefäß (Blechdose, kleiner Kochtopf) mit der Seifenrohmasse ins Wasserbad. Die Seife beginnt flüssig zu werden. Rühren Sie die Masse gelegentlich mit einem Holzstäbchen um. Aufgepasst: Es darf kein Wasser in die Seifenmasse gelangen!

Mikrowelle: Stellen Sie das mikrowellengeeignete Glas mit der Seifenrohmasse ins Gerät. Schmelzen Sie die Seifenrohmasse bei 800 Watt (je nach Gerät unterschiedlich) etwa 30 Sekunden. Beobachten Sie die Seife, damit diese nicht überkocht. Aufgepasst: Die Seife darf nicht kochen!

Das Färben

Trennen Sie mit dem Messer eine Scheibe von dem Farbpigment ab und geben Sie diese in die flüssige Seife. Alternativ können Sie auch flüssiges Färbemittel einträufeln. Rühren Sie das Färbemittel mit einem Holzstäbchen unter. Sollte sich die Farbe nicht völlig in der Seife lösen, erwärmen Sie diese erneut.

Möchten Sie mit Mischfarben arbeiten, können Sie auch verschiedene Farbtöne untereinander mischen. Mit einer kleinen Auswahl an Grundfarben können Sie auf diese Weise eine abwechslungsreiche Farbpalette erzielen.

Die Düfte

In die geschmolzene Rohmasse können Sie Duftstoffe einträufeln und mit einem Holzstäbchen einrühren. Wie intensiv Ihre Seife duften soll, können Sie ganz nach Belieben festlegen. Auf 100 ml Seife nehmen Sie am besten 10 bis 15 Tropfen, um einen betörenden Duft zu erzielen. Die Intensität der Düfte ist jedoch unterschiedlich. Probieren Sie es einfach aus.

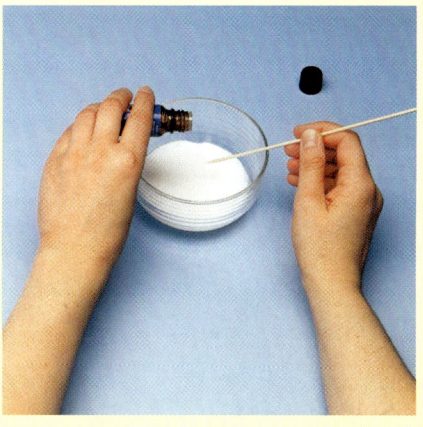

Das Gießen

Geben Sie die Seifenform auf einen Stützrahmen und gießen Sie die Seifenrohmasse
mit einem Schwung in die Form. Die flüssige Masse verteilt sich von selbst gleich-
mäßig. Es ist wichtig, dass Sie die richtige
Temperatur zum Gießen beachten, da zu
heiße Seife die Gießform ruinieren kann.
Sie können die flüssige Masse gut gießen,
wenn sich auf der Oberfläche eine Haut zu
bilden beginnt. Diese Haut reißt beim
Gießen der Seife von selbst. Lassen Sie die
Seife ca. 40 Minuten auskühlen. Wollen Sie
Seifen in mehreren Schichten gießen, muss
die Seife zwischen dem Gießen der Schichten immer erkalten.

Das Herauslösen

Drehen Sie die erkaltete Seife mit der Form
um. Drücken Sie behutsam auf die Form,
bis die Seife sich zu lösen beginnt und in
Ihre Hand fällt.

Sie können die Form auch auf ein
Handtuch legen und das Seifenstück mit
leichtem Druck vorsichtig herauslösen.

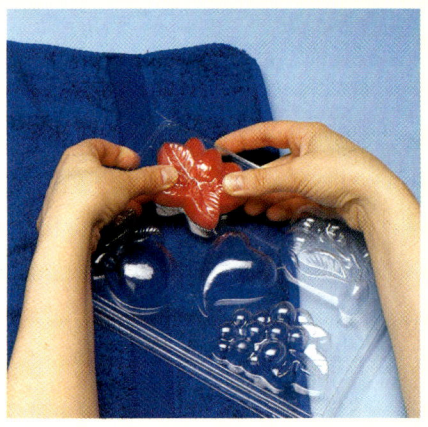

Das Versäubern

Damit die Seife an den „Nahtstellen" von
zusammengesetzten Seifen saubere Kontu-
ren hat, versäubern Sie diese am besten mit
einem Messer oder einem Kartoffelschäler.
Dünnere Grate können Sie auch mit einem
angefeuchteten Handtuch entfernen.

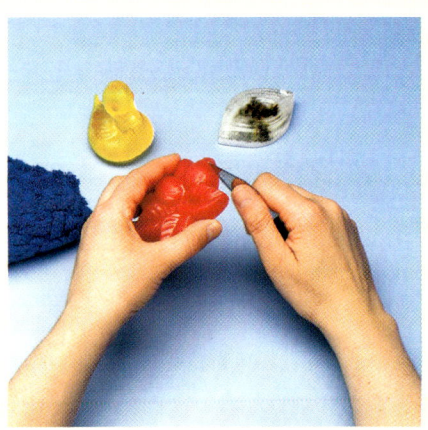

Tipps und Tricks

- Nehmen Sie für das Erwärmen und Aufbewahren unterschiedlicher Farbmischungen verschiedene Gläser.

- Bewahren Sie auch transparente und opake Seifen und Seifenreste getrennt auf.

- Benutzen Sie beim Gießen einen Stützrahmen, damit die Seifenform waagerecht liegt, oder stellen Sie unter alle vier Ecken vier gleich hohe Tassen.

- Bringen Sie die Seife nicht zum Kochen, da sich sonst Luftbläschen bilden und die Seife eintrübt.

- Ist Ihnen die Seife doch übergekocht, lassen Sie diese einfach abkühlen. Erkaltete Seifenreste lassen sich leicht durch Abziehen entfernen.

- Halten Sie das Gießgefäß beim Eingießen der Seife knapp über die Form, da sich sonst Luftbläschen bilden.

- Luftbläschen können Sie mit einem Holzstäbchen aufstechen.

- Sie können auch Formen, die für das Gipsgießen oder die Relieftechnik gedacht sind, und Plexiglasformen für das Gießen verwenden.

- Sie können sich eine eigene Farbpalette an Mischfarben erstellen, indem sie die Farben untereinander mischen.

- Tupfen Sie kleine Farbflächen mit der Spitze eines Holzstäbchens auf.

- Lassen Sie die Seife immer gut auskühlen, dann nutzt sie sich nicht so schnell ab.

- Überziehen Sie getrocknete Blumen, Gräser und Früchte immer mit Klar- oder Sprühlack, das macht sie haltbarer und die Farben bleichen nicht aus.

- Eingebettete Servietten kommen besser zur Geltung, wenn die letzte Schicht aus opaker Seife besteht.

- Betten Sie eine vorgefertigte Seifenform in eine Grundform ein, sollte die Seifenmasse, die Sie eingießen, nicht zu heiß sein, da sich sonst die äußere Schicht der eingebetteten Seife ablöst und mit der anderen Seife vermischt.

- Lässt sich ein Seifenstück nicht aus der Form lösen, halten Sie die Form mit der Rückseite nach oben ganz kurz unter fließend warmes Wasser.

- Feine Linien können mit einem Holzstäbchen nachgezogen werden.

- „Geschwitzte" Seifen können Sie unter fließendem Wasser abspülen.

- Misslungene Seifen können Sie wieder einschmelzen.

- Bewahren Sie fertige Seifen bis zur Benutzung im Kühlschrank auf.

Ente

Das brauchen Sie:

· Holzstäbchen
· Borstenpinsel
· Küchenkrepp
· *Ente:*
  Orange transparent,
  Gelb transparent,
  Duft Vanille

Nehmen Sie eine Form, die zusammengesteckt, auf den Kopf gestellt und von unten mit Seife gefüllt werden kann. Träufeln Sie mit dem Holzstäbchen etwas Orange auf die Augen und Flügel der geöffneten Form.

Nach dem Erkalten entfernen Sie überflüssiges Orange neben den Augen und Flügeln, reinigen die Stellen mit einem in warmes Wasser getauchten Borstenpinsel und trocknen die Form mit Küchenkrepp. Setzen Sie die Form zusammen, stellen Sie sie auf den Kopf und füllen Sie Gelb transparent ein. Lösen Sie die ausgekühlte Seife vorsichtig aus der Form und versäubern Sie die Kanten.

Seepferd, Seehund, Schildkröte

Das brauchen Sie:

- Borstenpinsel
- *Seepferd:*
  Rot transparent,
  Duft Seebrise
- *Seehund:*
  Dunkelblau transparent,
  Duft Seebrise
- *Schildkröte:*
  Orange transparent,
  Duft Honig,
  Window-Color-Konturenfarbe Schwarz

Seepferd, Seehund: Füllen Sie die Formenhälften mit Rot oder Dunkelblau transparent. Nach dem Erkalten tragen Sie auf eine der bei-den herausgelösten Seifenhälften mit dem Pinsel eine dünne Schicht Seife auf und drücken die andere Hälfte ca. 1 Minute fest dagegen. Versäubern Sie die Kanten.

Schildkröte: Füllen Sie Orange transparent in die Formenhälften. Nach dem Erkalten tragen Sie auf eine der beiden herausgelösten Seifenhälften mit dem Pinsel eine dünne Schicht Seife auf und drücken die andere Hälfte ca. 1 Minute fest dagegen. Versäubern Sie die Kanten. Mit schwarzer Window-Color-Konturenfarbe bringen Sie die Punkte auf den Augen und die Linien auf dem Panzer an.

Freche Früchtchen

Das brauchen Sie:

- Holzstäbchen
- Messer
- *Erdbeeren:*
  Rot opak,
  Grün opak,
  Duft Erdbeere
- *Apfel:*
  Grün opak / transparent,
  Duft Apfel

- *Kirschen:*
  Rot transparent,
  Grün transparent,
  Duft Wildkirsche
- *Weintrauben:*
  Lila transparent,
  Lila opak,
  Grün transparent,
  Duft Kokos-Vanille

Erdbeeren, Apfel, Kirschen: Füllen Sie die Form mit der entsprechenden Farbe für die Frucht. Lösen Sie die erkaltete Seife aus der Form und schneiden Sie die Blätter ab.

Drücken Sie die Frucht vorsichtig wieder in die Form. Gießen Sie die gefärbte Seife für die Blätter ein.

Nach dem Erkalten lösen Sie die Seife aus der Form und versäubern sorgfältig die Kanten.

Weintrauben: Träufeln Sie Lila transparent mit dem Holzstäbchen in die Vertiefungen der Form. Nach dem Erkalten füllen Sie die Form mit Lila opak. Lösen Sie die erkaltete Seife aus der Form und schneiden Sie die Blätter ab.

Drücken Sie die Frucht vorsichtig wieder in die Form. Gießen Sie Grün transparent für die Blätter ein. Nach dem Erkalten lösen Sie die Seife aus der Form und versäubern Sie die Kanten.

Sternzeichen

Das brauchen Sie:

- Holzstäbchen
- Borstenpinsel
- Küchenkrepp
- *Fische:*
  Blau transparent,
  Weiß opak,
  Perlglanzpulver,
  Duft Ozeanbrise
- *Krebs:*
  Weiß opak,
  Blau opak,
  Duft Seebrise

Fische: Träufeln Sie Blau transparent für die Fische mit dem Holzstäbchen in die Form. Nach dem Erkalten entfernen Sie überflüssiges Blau mit einem in warmes Wasser getauchten Borstenpinsel und trocknen die Form mit Küchenkrepp. Gießen Sie eine Schicht Weiß opak vermischt mit Perlglanzpulver und nach dem Erkalten eine Schicht Blau transparent in die Form.

Krebs: Gießen Sie eine dünne Schicht Blau opak in die Form. Nach dem Erkalten füllen Sie die Form mit Weiß opak, in das Sie etwas Blau opak tröpfeln. Verziehen Sie die Farbe mit dem Holzstäbchen.

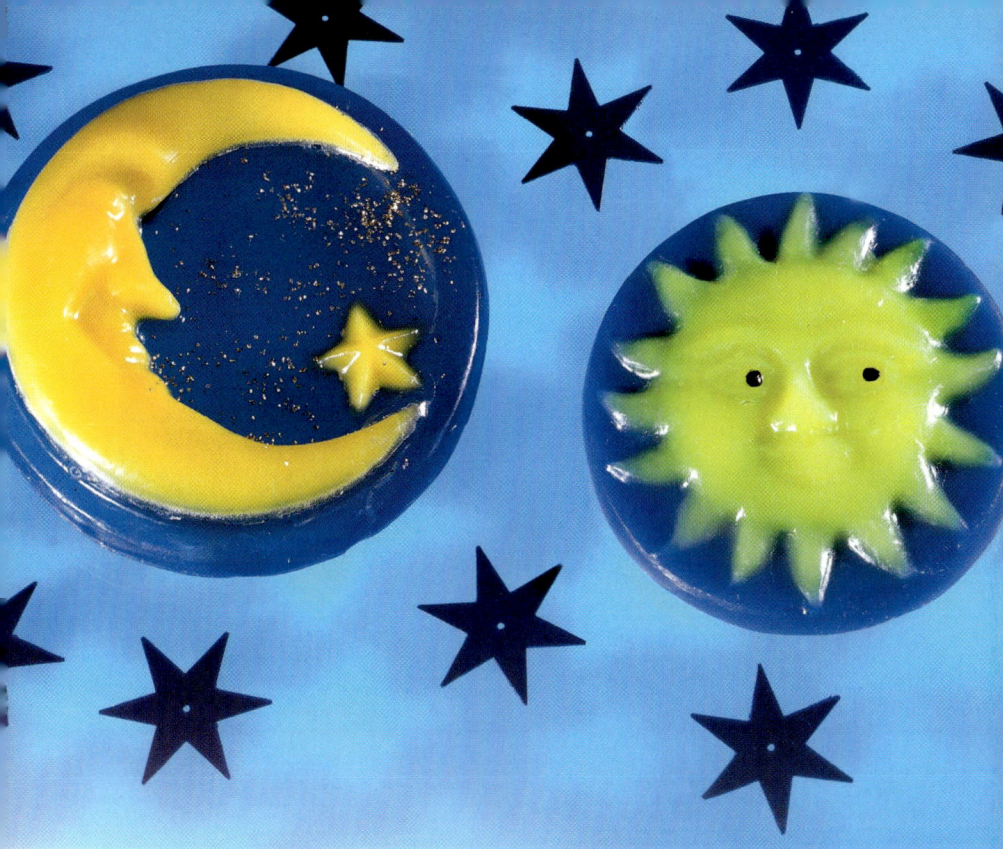

Mond, Sonne

Das brauchen Sie:

- Borstenpinsel
- Küchenkrepp
- Holzstäbchen
- *Mond:*
  Gelb opak,
  Blau transparent,
  Brillantglitter Gold,
  Duft Flieder
- *Sonne:*
  Gelb opak,
  Blau opak,
  Window-Color-Konturenfarbe
  Schwarz, Duft Jasmin

Mond: Füllen Sie Mond und Stern mit Gelb opak aus. Nach dem Erkalten entfernen Sie überflüssiges Gelb mit einem in warmes Wasser getauchten Borstenpinsel und trocknen die Form mit Küchenkrepp. Füllen Sie die Form mit Blau transparent, in das Sie Brillantglitter einstreuen.

Sonne: Füllen Sie die Sonne mit Gelb opak aus und ziehen Sie mit dem Holzstäbchen die Sonnenstrahlen nach außen. Nach dem Erkalten füllen Sie die Form mit Blau opak. Lösen Sie die erkaltete Seife aus der Form und setzen die Augen mit Window-Color-Konturenfarbe Schwarz.

Marmorierter Delphin

Das brauchen Sie:

- Holzstäbchen
- *Delphin:*
  Blau transparent,
  Weiß opak,
  Seifenfarbe Blau,
  Duft Seebrise

Tropfen Sie mit dem Holzstäbchen das Auge in Blau transparent in die Form. Nach dem Erkalten füllen Sie die Form mit Weiß opak, in das Sie etwas blaue Seifenfarbe tropfen. Verziehen Sie die Farbe mit dem Holzstäbchen.

Hand, Fuß

Das brauchen Sie:

- Holzstäbchen
- *Hand:*
  Weiß opak,
  Seifenfarbe Gelb,
  Duft Opium
- *Fuß:*
  Farblos transparent,
  Seifenfarbe Brombeer,
  Weiß opak,
  Duft Moschus

Hand: Füllen Sie die Form zu drei Vierteln mit Weiß opak, in das Sie gelbe Seifenfarbe tropfen. Verziehen Sie die Farbe mit dem Holzstäbchen in feine Linien. Nach dem Erkalten die Form mit Weiß opak auffüllen.

Fuß: Füllen Sie die Form zu einem Drittel mit Farblos transparent, in das Sie die Seifenfarbe Brombeer tropfen. Verziehen Sie die Farbe mit dem Holzstäbchen. Nach dem Erkalten füllen Sie die Form mit Weiß opak auf.

Marienkäfer

Das brauchen Sie:

- *Marienkäfer:*
  Farblos transparent,
  Eingießteil „Smily",
  Rot transparent,
  Window-Color-Konturenfarbe
  Schwarz,
  Duft Kokos-Vanille

Geben Sie eine dünne Schicht Farblos transparent in die Form. Nach dem Erkalten halten Sie die Form schräg, gießen eine weitere Schicht Farblos transparent in den Kopf und drücken das Eingießteil in die flüssige Seife. Sobald die Seife zu erkalten beginnt, legen Sie die Form gerade und setzen mit der Window-Color-Konturenfarbe schwarze Punkte auf den Rücken. Lassen Sie die Punkte 3 Stunden trocknen, bevor Sie eine dünne Schicht Rot transparent eingießen. Nach dem Erkalten füllen Sie die Form mit Rot transparent auf.

Teddys

Das brauchen Sie:

- *Teddy mit Gesicht:*
  Farblos transparent,
  Eingießteil „Smily",
  Rot transparent,
  Window-Color-Konturenfarbe
  Schwarz,
  Duft Mango & Papaya
- *Teddy auf Startblock:*
  Farblos transparent,
  Plastikfigur,
  Blau transparent,
  Duft Mandarine

Teddy mit Gesicht: Geben Sie eine dünne Schicht Farblos transparent in die Form. Legen Sie das Eingießteil in den Kopf. Es muss von Seife umschlossen sein. Nach dem Erkalten füllen Sie die Form mit Rot transparent. Lösen Sie die erkaltete Seife aus der Form und setzen Sie mit Window-Color-Konturenfarbe Schwarz einen Punkt als Nase.

Teddy auf Startblock: Füllen Sie die Form zu zwei Dritteln mit Farblos transparent und legen Sie die Plastikfigur ein. Fixieren Sie diese ca. 5 Minuten mit den Fingern. Nach dem Erkalten füllen Sie die Form mit Blau transparent auf.

Leuchtturm

Das brauchen Sie:

- Schere
- *Leuchtturm:*
  Farblos transparent,
  Weiß opak,
  Serviettenmotiv,
  Duft Seebrise

Füllen Sie eine dünne Schicht Farblos transparent in die Form. Schneiden Sie das Motiv aus der Serviette und lösen Sie die obere, bedruckte Lage ab. Nach dem Erkalten feuchten Sie den Seifenspiegel leicht an und platzieren darauf das Serviettenmotiv mit der Bildseite nach unten. Füllen Sie die Form mit Weiß opak auf.

Fische

Das brauchen Sie:

- Schere
- Messer
- *Fische:*
  Farblos transparent,
  Weiß opak,
  Serviettenmotiv,
  Kordel Blau (10 cm),
  Duft Jasmin

Füllen Sie eine Schicht Farblos transparent in die Form. Schneiden Sie die Motive aus der Serviette und lösen Sie die obere Lage ab. Nach dem Erkalten feuchten Sie den Seifenspiegel leicht an, platzieren darauf ein Motiv mit der Bildseite nach unten und gießen eine Schicht Farblos transparent hinzu. Nach dem Erkalten legen Sie das zweite Motiv auf und füllen die Form mit Weiß opak, in das Sie die Kordel als Aufhängung legen.

Frosch

Das brauchen Sie:

- Borstenpinsel
- Küchenkrepp
- *Frosch:*
  Grün transparent,
  Weiß opak,
  Grün opak,
  Window-Color-Konturenfarbe
  Schwarz,
  Duft Gras

Füllen Sie den Bauch des Froschs mit Grün transparent und den Kopf mit Weiß opak.

Nach dem Erkalten entfernen Sie die überflüssige Seife, reinigen Sie die Stellen mit warmem Wasser und Borstenpinsel und trocknen Sie die Form mit Küchenkrepp.

Füllen Sie die Form mit Grün opak auf. Lösen Sie die erkaltete Seife aus der Form, setzen Sie die Augen mit der Window-Color-Konturenfarbe Schwarz auf und lassen Sie sie 3 Stunden trocknen.

Herz mit Liebe

Das brauchen Sie:

- Transparentpapier
- Fineliner
- Holzstäbchen
- *Herz mit Liebe:*
  Farblos transparent,
  Eingießteil Rotes Herz,
  Window-Color-Konturenfarbe
  Schwarz,
  Weiß opak,
  Seifenfarbe Rot,
  Band Rot (30 cm),
  Duft Opium

Legen Sie ein Blatt Transparentpapier in die transparente Form, deren Öffnung nach oben zeigt. Fahren Sie den Rand der Form mit einem Fineliner nach. In den so erhaltenen Umriss schreiben Sie „Liebe". Drehen Sie den Text um und legen Sie die spiegelverkehrte Schrift unter die Form. Gießen Sie eine Schicht Farblos transparent in die Form und legen Sie das Eingießteil ein. Nach dem Erkalten bringen Sie auf die Seifenschicht die Schrift mit Window-Color-Konturenfarbe Schwarz an. 3 Stunden trocknen lassen, bevor Sie die Form mit Weiß opak auffüllen, in das Sie etwas rote Seifenfarbe tröpfeln. Verziehen Sie die Farbe mit dem Holzstäbchen. Befestigen Sie an der Form ein rotes Band für die Aufhängung.

Eingebettete Schildkröte

Das brauchen Sie:

- Messer
- *Schildkröte:*
  Grün opak,
  Braun opak,
  Window-Color-Konturenfarbe
  Schwarz,
  Gelb transparent,
  Duft Mandarine

Füllen Sie die Schildkrötenform mit Grün opak. Lösen Sie die erkaltete Seife aus der Form und schneiden Sie Kopf und Beine ab. Drücken Sie die Schildkröte vorsichtig wieder in die Form. Gießen Sie Braun opak für Kopf und Beine ein. Lösen Sie die erkaltete Seife aus der Form, setzen ein Auge mit Window-Color-Konturenfarbe Schwarz und lassen es 3 Stunden trocknen.

Gießen Sie Gelb transparent zu einem Drittel in die ovale Form. Nach dem Erkalten legen Sie die Schildkröte mit der Oberseite nach unten auf und füllen die Form mit Gelb transparent.

Aufgesetzte Ente

Das brauchen Sie:

- Holzstäbchen
- Borstenpinsel
- Weiß opak
- *Ente:*
  Orange transparent,
  Gelb transparent,
  Window-Corlor-Konturenfarbe
  Schwarz,
  Duft Mango & Papaya

Gießen Sie Weiß opak in eine rechteckige Grundform. Nach dem Erkalten lösen Sie die Seife aus der Form. Träufeln Sie mit dem Holzstäbchen Orange transparent für den Flügel und Schnabel in die Entenform. Nach dem Erkalten füllen Sie die Form mit Gelb transparent.

Lösen Sie die Ente aus der Form, tragen mit dem Pinsel etwas Seife auf die Rückseite auf und drücken Sie diese ca. 2 Minuten fest auf die weiße Form. Setzen Sie ein Auge mit Window-Color-Konturenfarbe.

Zitrone

Das brauchen Sie:

- Pinsel
- Klarlack
- Holzstäbchen
- *Zitrone:*
  Farblos transparent,
  Gelb opak,
  getrocknete Zitronenscheibe,
  Duft wilde Zitrone

Bestreichen Sie die getrocknete Zitronen-scheibe mit Klarlack und lassen diesen ca. 1 Stunde trocknen. Gießen Sie in die Sei-fenform eine Schicht Farblos transparent.

Nach dem Erkalten gießen Sie eine wei-tere dünne Schicht Farblos transparent auf und legen die Zitronenscheibe hinein. Die-se sollte mit Seife bedeckt sein. Nach dem Erkalten füllen Sie die Form mit Gelb opak auf.

Lavendel, Blüten

Das brauchen Sie:

- Pinsel
- Klarlack
- *Lavendel:*
  Farblos transparent,
  Weiß opak,
  Lila opak,
  getrockneter Lavendel,
  Duft Lavendel
- *Blüten:*
  Farblos transparent,
  Weiß opak,
  Grün opak,
  getrocknete Blüten,
  Duft Gras

Lavendel: Bestreichen Sie den getrockneten Lavendel mit Klarlack und lassen diesen ca. 1 Stunde trocknen. Gießen Sie in die Seifenform eine Schicht mit Farblos transparent. Nach dem Erkalten legen Sie eine zweite dünne Schicht Farblos transparent an und geben den Lavendel hinein. Dieser sollte mit Seife bedeckt sein. Füllen Sie die Form mit Weiß opak, in das Sie etwas Lila opak mischen.

Blüten: Bestreichen Sie die getrockneten Blüten mit Klarlack und lassen diese ca. 1 Stunde trocknen. Gießen Sie in die Seifenform eine Schicht mit Farblos transparent. Nach dem Erkalten legen Sie eine zweite dünne Schicht Farblos transparent an und geben die Blüten hinein. Diese sollten mit Seife bedeckt sein. Füllen Sie die Form mit Weiß opak, in das Sie etwas Grün opak mischen.

Spiralmuschel

Das brauchen Sie:

- Messer
- *Muschel:*
  Weiß opak,
  Perlglanzpulver,
  Blau transparent,
  Duft Ozeanbrise

Vermischen Sie Weiß opak mit Perlglanzpulver. Gießen Sie die Form vollständig aus. Nach dem Erkalten lösen Sie die Seife aus der Form und schneiden die Teile ab, die blau werden sollen. Drücken Sie die weißen Seifenstücke vorsichtig wieder in die Form und gießen Sie die Form mit Blau transparent aus.

Delphin, Fisch

Das brauchen Sie:

- Messer
- *Delphin:*
  Türkis transparent,
  Duft Meeresbrise
- *Fisch:*
  Türkis transparent,
  Braun opak,
  Gelb transparent,
  Duft Opium

Delphin: Füllen Sie die Delphinform mit Türkis transparent. Nach dem Erkalten lösen Sie die Seife aus der Form und versäubern die Kanten.

Fisch: Füllen Sie die Fischform mit Türkis transparent. Nach dem Erkalten schneiden Sie die Flosse und das Maul ab. Drücken Sie die den Körper vorsichtig wieder in die Form. Füllen Sie mit Braun opak das Maul und mit Gelb transparent die Flosse aus. Nach dem Erkalten lösen Sie die Seife aus der Form und versäubern die Kanten.

Jakobsmuschel

Das brauchen Sie:

- *Muschel:*
  Farblos transparent,
  Weiß opak,
  Muschel,
  Brillantglitter Gold,
  Kordel Weiß (10 cm),
  Duft Vanille

Geben Sie eine dünne Schicht Farblos transparent in die Muschelform. Nach dem Erkalten legen Sie eine zweite dünne Schicht Farblos transparent an und geben die Muschel hinein. Diese sollte mit Seife bedeckt sein. Füllen Sie die Form mit Weiß opak. Streuen Sie am Rand in die noch flüssige Seife Brillantglitter ein und legen die Kordel für die Aufhängung ein.

Rosen

Das brauchen Sie:

- Holzstäbchen
- Messer
- *Große Rose:*
  Rot transparent / opak,
  Gelb transparent,
  Duft Rose Bouquet
- *Rosenduo:*
  Rot transparent / opak,
  Grün opak,
  Duft Rose Bouquet

Träufeln Sie mit dem Holzstäbchen vorsichtig Rot transparent in die Rosenspitzen. Nach dem Erkalten füllen Sie die Form mit Rot opak. Lösen Sie die erkaltete Seife aus der Form und schneiden Sie die Blätter ab.

Drücken Sie die Rosen vorsichtig wieder in die Form. Gießen Sie die Seife für die Blätter ein – Gelb transparent für die große Rose und Grün opak für das Rosenduo. Lösen Sie die erkaltete Seife aus der Form und versäubern Sie die Kanten.

Glocke

Das brauchen Sie:

- Messer
- *Glocke:*
  Gelb opak,
  Gelb transparent,
  Murmel,
  Duft Weihrauch

Füllen Sie die Form mit Gelb opak. Lösen Sie die erkaltete Seife aus der Form und schneiden Sie den unteren Teil der Glocke ab. Drücken Sie den oberen Teil der Glocke vorsichtig wieder in die Form und füllen diese mit Gelb transparent auf. In die noch flüssige Seife legen Sie eine Murmel als Klöppel.

Stern, Engel

Das brauchen Sie:

- Messer
- *Stern:*
  Gelb transparent,
  Brillantglitter Gold,
  Duft Zimt
- *Engel:*
  Brombeer transparent,
  Farblos transparent,
  Rosa opak,
  Brillantglitter Gold,
  Duft Anis

Stern: Gießen Sie eine Schicht Gelb transparent in die Form. Nach dem Erkalten füllen Sie die Form mit Gelb transparent auf und streuen Brillantglitter in die flüssige Seife.

Engel: Füllen Sie die Form mit Brombeer transparent. Lösen Sie die erkaltete Seife aus der Form und schneiden Sie die Flügel, Gesicht und Hände ab. Drücken Sie den Engelkörper vorsichtig wieder in die Form. Gießen Sie in die Flügel Farblos transparent und streuen Brillantglitter in die noch flüssige Seife. Füllen Sie Gesicht und Hände mit Rosa opak auf. Lösen Sie die erkaltete Seife aus der Form und versäubern Sie die Kanten.

Weihnachtsmann

Das brauchen Sie:

- Holzstäbchen
- Borstenpinsel
- Küchenkrepp
- *Weihnachtsmann:*
  Rot transparent,
  Rosa opak,
  Weiß opak,
  Perlglanzpulver,
  Window-Color-Konturenfarbe
  Schwarz, Duft Weihrauch

Träufeln Sie Rot transparent mit dem Holzstäbchen in Mund, Nase und Bommel und Rosa opak in Augen und Wangen. Nach dem Erkalten entfernen Sie die überflüssige Farbe, reinigen Sie die Stellen mit warmem Wasser und Borstenpinsel und trocknen Sie die Form mit Küchenkrepp. Füllen Sie die Form mit Weiß opak vermischt mit Perlglanzpulver. Nach dem Erkalten lösen Sie die Seife aus und setzen Augenpunkte mit Window-Color-Konturenfarbe Schwarz auf.